제2권 · 제자양육 II

KB216034

그리스도인의 성장

이문선 지음 · 두루제자훈련원 편

"예수께서 모든 도시와 마을에 두루 다니사
그들의 회당에서 가르치시며
천국 복음을 전파하시며
모든 병과 모든 약한 것을 고치시니라"

(마 9:35)

두루제자훈련원(두루선교회)은
예수님이 모든 도시와 마을에 두루 다니사
가르치시며(teaching ministry)
전파하시며(preaching ministry)
고치시는(healing ministry)
사역을 하신 것을 통하여
두루선교에 대한 비전을 가지고 사역하고 있다.

주님께서 우리에게 부탁하신 지상명령은 이 땅 위에 하나님의 나라를 확장하라는 것입니다.

하나님의 나라를 확장하려면 평신도들이 재생산하는 주님의 제자가 되어야 합니다.

주님의 교회는 성도들을 재생산하는 제자로 훈련시켜야 합니다.

이것은 교회 성장을 넘어 교회보다 더 큰 개념인 하나님 나라의 확장을 이루기 위한 것입니다. 우리는 지상명령을 실천하기 위하여 평신도를 무장하려고 합니다.

이 일을 위한 방편으로 그 동안 교회의 목회 현장에서 목회자들과 성도들과 청년들과 함께 공부해 오던 내용들을 정리하여 부족하지만 교재로 출간하게 되었습니다.

본인의 경우 부교역자 때 처음 청년부에 적용해 보았는데 그들이 예수님을 영접하고 말씀을 열심히 배우고 교회로 돌아오고 변화되는 것을 경험하였습니다.

교회를 개척하여 장년부에도 적용하여 보았는데 기존 교인들보다 오히려 초신자들이 더 열심히 배우고 빠르게 성장하는 것을 경험하였습니다.

고등학생 두 명을 데리고 제자성경공부를 시작하였는데 이들이 크게 성장하여 이후 대학에 들어가 캠퍼스에서 제자훈련을 실시하게 되었습니다.

복음을 듣고 교회 출석하여 6개월만에 학습 받고 캠퍼스 리더로 사역하는 모델도 나왔습니다. 큰 교회는 말할 것도 없거니와 작은 교회는 한번 실시해 보기를 권합니다.

개척교회라 사람이 없으면 여자반, 남자반, 청년반, 학생반 네 반을 만들어 각 반에 최소 두 명으로 시작해 볼 것을 권합니다. 교회가 건강하게 성장하고 성도들이 행복하게 신앙 생활하며 재생산하는 것을 경험하게 될 것입니다.

하나님께서 훈련되고 무장된 성도들을 구름 떼와 같이 일으키셔서 하나님의 나라가 크게 확장되어 가기를 소망합니다.

2006. 새해 아침에

이문선(Moon Sun Lee)

소감록

>>목회자반

　　　　　나는 처음 새신자가 왔을 때 이들을 양육하기 위한 적절한 내용을 가지고 있지 못했다.

물론 시중에 나와 있는 새가족반 교재가 있지만 너무 기초적인 내용이라 쓸 수가 없었다.

그런데 이번 양육 2단계는 초신자들을 말씀으로 양육하기에 아주 유익하게 정리되어 있어 큰 도움이 되었다.

기본적인 내용이지만 목회하는 데 간과하였던 부분들을 재점검하는 계기가 되었다. 실천하는 제자의 삶이 되었으면 좋겠다.

>>평신도반

　　　　　매 학기마다 늘 새로운 하나님의 오묘한 말씀의 세계를 접하며 은혜를 받았고, 믿음이 깊어져 가는 것에 스스로 기쁨이 느껴지기도 했다.

성경의 분류에서 암송까지 이번에는 매우 실제적인 공부를 하게 되었는데, 배움과 동시에 남을 가르칠 수 있는 준비를 하였다.

목사님께서 만드신 교재는 배우기에 매우 흥미로웠고, 가르치기에는 상당히 친절하며, 핵심이 잘 드러나 있었다.

우리 회원 모두는 아주 유익하며, 재미난 시간을 보냈으며, 새로운 기대도 가지게 되었다.

목사님이 늘 말씀하시는 복음의 4세대 중 한 세대를 책임질 수 있으리라는 기대를 해본다.

제2권 120 제자양육과정 2단계
그리스도인의 성장
구원받은 성도들이 성장하기 위해 기본적으로
힘써야 할 경건 생활을 세워주는 과정이다.

1. 성령의 인도하심과 깨닫게 해 주시기를 위해 기도하십시오.

2. 결석과 지각을 하지 않고 성실히 참석하도록 하십시오.

3. 예습과 복습을 철저히 하십시오.

4. 각 참고 구절의 배경과 의미를 파악하십시오.

5. 토의에 적극 참여하도록 하십시오.

6. 열린 마음으로 정답이 아니라 자신의 생각을 나누십시오.

7. 작은 실천을 구체적으로 적용하십시오.

8. 적용한 것을 실천하기 위해 기도하십시오.

9. 지식적인 성경공부보다 인격과 삶의 변화에 힘쓰십시오.

10. 각 과의 소감과 깨달은 말씀을 정리해 놓으십시오.

11. 과제를 철저히 하는 습관을 기르십시오.

12. 매일 경건 생활을 훈련하는 습관을 기르십시오.

1. 성경의 분류

"곧 거룩한 선지자들이 예언한 말씀과 주 되신 구주께서 너희의 사도들로
말미암아 명하신 것을 기억하게 하려 하노라" (벧후 3:2)

1

성경을 표현하는 명칭에는 성경, 성서, _____, 두루마리, 서책, 여호와
의 책, 하나님의 율법, ___(언약) 등 여러 가지가 있습니다.
성경은 하나님의 계시로서 하나님께서 자신의 뜻을 글로 기록해 주신
하나님의 말씀입니다.
성경은 하나님께서 우리에게 주신 신앙과 생활의 유일한 법칙입니다.

1. 성경의 저자, 기록 연대, 언어

1) 하나님께서는 사람들을 통하여 성경을 기록하셨습니다.

성경은 하나님께서 성령의 감동으로 _____과 _____을 통하여 기록하신 하나님의 말씀입니다.

(벧후 3:2) 곧 거룩한 선지자들이 예언한 말씀과 주 되신 구주께서 너희의 사도들로 말미암아 명하신 것을 기억하게 하려 하노라

구약은 26명, 신약은 8(9)명 등 총 34(35)명이 기록하였습니다.

2) 기록 연대: 1600여 년간 기록

구약은 1500여 년 동안, 신약은 100여 년 동안 성경을 기록하였습니다.

3) 기록 언어

구약은 대부분 히브리어로 기록되었으나 극히 일부분은 아람어로 기록되었습니다. 신약은 당시 공용어였던 헬라어로 기록되었습니다.

＊그럼에도 성경은 놀라운 통일성을 가지고 있습니다.

2. 분류표

1) 구약과 신약

구약(The Old Testament: O.T.) 39권

신약(The New Testament: N.T.) 27권

3 x 9 = 27, 39권 + 27권 = 66권

2) 일반적인 분류

(1) 구약: 율법서, 역사서, 시가서, 선지서

　① 율법서(5): 창세기, 출애굽기, 레위기, 민수기, 신명기

② 역사서(12): 여호수아, 사사기, 룻기, 사무엘상, 사무엘하,
　　　　　　　열왕기상, 열왕기하, 역대상, 역대하, 에스라,
　　　　　　　느헤미야, 에스더

③ 시가서(5): 욥기, 시편, 잠언, 전도서, 아가

④ 선지서(17)

　· 대선지서(5): 이사야, 예레미야, 예레미야애가, 에스겔, 다니엘

　· 소선지서(12): 호세아, 요엘, 아모스, 오바댜, 요나, 미가,
　　　　　　　　나훔, 하박국, 스바냐, 학개, 스가랴, 말라기

(2) 신약: 복음서, 역사서, 서간서(편지), 예언서

① 복음서(4): 마태복음, 마가복음, 누가복음, 요한복음

② 역사서(1): 사도행전

③ 서간서(21)

　· 바울서신(14): 로마서, 고린도전서, 고린도후서, 갈라디아서,

　(14=13+〈1〉) 　에베소서, 빌립보서, 골로새서, 데살로니가전
　　　　　　　　서, 데살로니가후서, 디모데전서, 디모데후서,
　　　　　　　　디도서, 빌레몬서, 〈히브리서〉

　· 공동서신(7): 야고보서, 베드로전서, 베드로후서, 요한일서,

　(일반서신) 　요한이서, 요한삼서, 유다서

④ 예언서(1): 요한계시록

3) 다른 분류

(1) 구약

① 율법서(5): 창세기, 출애굽기, 레위기, 민수기, 신명기

② 역사서(12): 여호수아, 사사기, 룻기, 사무엘상, 사무엘하,
　　　　　　　열왕기상, 열왕기하, 역대상, 역대하, 에스라,
　　　　　　　느헤미야, 에스더

③ 시가서(6): 욥기, 시편, 잠언, 전도서, 아가, 예레미야애가

④ 포로전 예언서(10): 요나, 아모스, 호세아, 오바댜, 요엘,
　　　　　　　　　이사야, 미가, 나훔, 스바냐, 하박국

⑤ 포로중 예언서(3): 예레미야, 에스겔, 다니엘

⑥ 포로후 예언서(3): 학개, 스가랴, 말라기

(2) 신약

① 역사서(5): 마태복음, 마가복음, 누가복음, 요한복음, 사도행전

② _____(3): 로마서, 갈라디아서, 히브리서

③ _____(4): 고린도전서, 고린도후서, 디모데전서, 디도서

④ 교회진리서(2): 에베소서, 골로새서

⑤ 그리스도인 생활(6): 빌립보서, 데살로니가전서, 빌레몬서,
　　　　　　　　　야고보서, 베드로전서, 요한일서

⑥ 종말서(6): 데살로니가후서, 디모데후서, 베드로후서,
　　　　　　　요한이서, 요한삼서, 유다서

⑦ 예언서(1): 요한계시록

4) 구약 히브리어 성경의 분류

(1) 율법(모세오경) (2) 선지자의 글(예언서) (3) 시편(성문서)

(눅 24:44) 또 이르시되 내가 너희와 함께 있을 때에 너희에게 말한 바 곧 모세의 율법과 선지자의 글과 시편에 나를 가리켜 기록된 모든 것이 이루어져야 하리라 한 말이 이것이라 하시고

(1) 율법서(5): 창세기, 출애굽기, 레위기, 민수기, 신명기

(2) 선지서(8)

　· 전선지서(4): 여호수아, 사사기, 사무엘서, 열왕기서

　· 후선지서(4): 대선지서(3) ― 이사야, 예레미야, 에스겔,
　　　　　　　　소선지서(12)

⑶ 성문서(11)(제문서)

　① 시가서(3): 시편, 잠언, 욥기

　② 다섯 _____ 책(5): 아가, 룻기, 애가, 전도서, 에스더

　③ 역사서(3): 다니엘, 에스라-느헤미야, 역대기서

3. 성경 목록가

1. 창세기출애굽기	레 - 위 - 기	민 수 기 신명기	여 호 수 아
2. 에스라느헤미야	에 - 스 - 더	욥 기 시 편	잠언전도
3. 다니엘 호세아	요엘아모스	오 - 바 댜	요나미가
4. 마 태 - 마 가 -	누 - 가 요한	사 도 행 전	로마 - 서
5. 데살로니가전후	디모데전서	디모데후서	디도빌레몬
6. 이책의이름은	생명책이니	구약이삼십구	신약이십칠

사사기 룻기 -	사무엘상하	열왕기 상 하	역 대 상 하
아가 이사야	예레미야	예레미야애 가	에 스 - 겔
나훔 하박국	스 - 바 - 냐	학개 스 가랴	말 라 - 기
고린도전후서	갈라디아	에베소빌 립보	골 로 - 새
히브리야고보	베드로전후	요한일이 삼서	유다계시록
이책의 권수를	모두합하니	생명의양 식이	육십육이라

4. 성경 책명 약자표

1) 구약

(1) 율법서(5): 창세기(창), 출애굽기(출), 레위기(레), 민수기(민),
신명기(신)

(2) 역사서(12): 여호수아(수), 사사기(삿), 룻기(룻), 사무엘상(삼상),
사무엘하(삼하), 열왕기상(왕상), 열왕기하(왕하),
역대상(대상), 역대하(대하), 에스라(스), 느헤미야(느),
에스더(에)

(3) 시가서(5): 욥기(욥), 시편(시), 잠언(잠), 전도서(전), 아가(아)

(4) 선지서(17)

　① 대선지서(5): 이사야(사), 예레미야(렘), 예레미야애가(애),
에스겔(겔), 다니엘(단)

　② 소선지서(12): 호세아(호), 요엘(욜), 아모스(암), 오바댜(옵),
요나(욘), 미가(미), 나훔(나), 하박국(합),
스바냐(습), 학개(학), 스가랴(슥), 말라기(말)

2) 신약

(1) 복음서(4): 마태복음(마), 마가복음(막), 누가복음(눅), 요한복음(요)

(2) 역사서(1): 사도행전(행)

(3) 서간서(21)

　① 바울서신(13): 로마서(롬), 고린도전서(고전), 고린도후서(고
후), 갈라디아서(갈), 에베소서(엡), 빌립보서
(빌), 골로새서(골), 데살로니가전서(살전),
데살로니가후서(살후), 디모데전서(딤전),
디모데후서(딤후), 디도서(딛), 빌레몬서(몬)

　② 공동서신(8): 히브리서(히), 야고보서(약), 베드로전서(벧전),

베드로후서(벧후), 요한일서(요일), 요한이서
(요이), 요한삼서(요삼), 유다서(유)
(4) 예언서(1): 요한계시록(계)

＊성경 구절의 약자 표현법: 창1:1-5, 창1[5-11]

5. 범례

보―보라, 비―비교, 인―인증.

보라―(마 1:23) 보라 처녀가 잉태하여 아들을 낳을 것이요 그의 이름은 임마누엘이라 하리라 하셨으니 이를 번역한즉 하나님이 우리와 함께 계시다 함이라

보라―(마 28:20) 내가 너희에게 분부한 모든 것을 가르쳐 지키게 하라 볼지어다 내가 세상 끝날까지 너희와 항상 함께 있으리라 하시니라

비교―(마 2:2) 유대인의 왕으로 나신 이가 어디 계시뇨 우리가 동방에서 그의 별을 보고 그에게 경배하러 왔노라 하니

비교―(민 24:17) 내가 그를 보아도 이 때의 일이 아니며 내가 그를 바라보아도 가까운 일이 아니로다 한 별이 야곱에게서 나오며 한 규가 이스라엘에게서 일어나서 모압을 이쪽에서 저쪽까지 쳐서 무찌르고 또 셋의 자식들을 다 멸하리로다

인증―(마 1:23) 보라 처녀가 잉태하여 아들을 낳을 것이요 그의 이름은 임마누엘이라 하리라 하셨으니 이를 번역한즉 하나님이 우리와 함께 계시다 함이라

인증―(사 7:14) 그러므로 주께서 친히 징조로 너희에게 주실 것이라 보라 처녀가 잉태하여 아들을 낳을 것이요 그 이름을 임마누엘이라 하리라

6. 성경 찾기

룻기 2:3, 빌레몬서 1:2, 하박국 3:4, 디도서 1:4, 아가1:5, 유다서 1:3

>> 보통의 성경 분류표를 작성하세요.

〉以 이 과를 마치면서

1. 성경 목록가를 노래하면서 보통의 분류표대로 기록하십시
   오.(테스트)

소감 및 깨달은 말씀

2. 성경 개관

"너희가 성경에서 영생을 얻는 줄 생각하고 성경을 연구하거니와
이 성경이 곧 내게 대하여 증언하는 것이니라"(요 5:39)

2

성경의 역사는 인간 구원의 역사입니다.

하나님께서 인간을 창조하셨지만 인간은 범죄하여 타락하였습니다.

하나님께서 타락한 인간을 구원하시기 위하여 구세주인 메시아(그리스도)를 보내셔서 구원을 이루셨습니다.

그리고 예수 그리스도를 믿는 사람들을 구원하여 하나님의 백성으로 회복시킴으로써 하나님의 나라를 건설하시는 것이 구원의 역사입니다.

1. 창조, 타락, 구속

창조	타락	구속
창 1-2	창 3:1-14	창 3:15-계 22장

성경의 역사는 타락한 인간을 하나님이 구원하시는 ____의 역사입니다.

2. 예수 그리스도(구속주)

(그리스도에 대한) 예언	예수	그리스도	(그리스도에 대한) 성취	
그리스도가 오실 것이다	초	림	다시 오실 것이다	재림
구약		신약		

예수 그리스도는 성경의 중심이시고, ____의 중심이십니다.

(요 5:39) 너희가 성경에서 영생을 얻는 줄 생각하고 성경을 연구하거니와 이 성경이
곧 내게 대하여 증언하는 것이니라(참고 눅 24:44)

3. 예수 그리스도의 계보

아담 - ____	셈 - 아브라함	아브라함 - 다윗	다윗 - 요시야	여고냐-예수
10대	10대	14대	14대	14대
창 1-9장	창 10-11장	창 12-삼하	왕상-왕하	왕하 25장, 마 1장
창 5장	창 11장	마 1장		

　1) 아담-노아: ①아담 ②셋 ③에노스 ④게난 ⑤마할랄렐 ⑥야렛
　　　　　　　⑦____ ⑧므두셀라 ⑨라멕 ⑩노아

　2) 셈-아브람: ①셈 ②아르박삿 ③셀라 ④에벨 ⑤____ ⑥르우
　　　　　　　⑦스룩 ⑧나홀 ⑨데라 ⑩아브람

　3) 아브라함-다윗: ①아브라함 ②이삭 ③야곱 ④유다 ⑤베레스
　　　　　　　⑥헤스론 ⑦람 ⑧아미나답 ⑨나손 ⑩살몬
　　　　　　　⑪____ ⑫오벳 ⑬이새 ⑭다윗 왕

　4) 다윗-요시야: ①다윗 ②솔로몬 ③르호보암 ④아비야 ⑤____

⑥여호사밧 ⑦요람 ⑧웃시야 ⑨요담 ⑩아하스
⑪히스기야 ⑫므낫세 ⑬아몬 ⑭요시야
5) 여고냐-예수: ①여고냐 ②스알디엘 ③ _____ ④아비훗
⑤엘리아김 ⑥아소르 ⑦사독 ⑧아킴 ⑨엘리웃
⑩엘르아살 ⑪맛단 ⑫야곱 ⑬요셉 ⑭예수

4. 구원의 방법

____ 메시아를 믿음	오신 메시아를 믿음
구약	신약

5. 출애굽 사건

제1 출애굽	제2 출애굽	출애굽의 성취	나의 출애굽	출애굽의 완성
애굽에서 구원	_____에서 귀환	죄에서 구원(J)	중생	예수님 재림

6. 언약(계약)으로 분류

옛 언약(____, 그림자, 예언)	새언약(성취, 실재, 실현)
구약	신약

그리스도를 기준으로 그리스도 이전과 이후의 옛 언약과 새 언약으로
나눕니다.

창조 언약	구속 언약					
	아담 언약	노아 언약	아브라함 언약	모세 언약	다윗 언약	그리스도 언약
	시작	보존	약속	율법	왕국	완성의 언약
창 1-2장	창 3장	창 6-9장	창 12-22장	출 19-신	삼하 7장	신약

1) 인간의 ____ 이전과 이후로 창조 언약과 구속 언약으로 나눕니다.
2) 구속 언약을 6가지로 분류할 수 있습니다.(팔머 로벗슨)

(1) 아담 언약: 시작의 언약─구속을 위한 구속주에 대한 언약이 시작됩니다.

(2) 노아 언약: 보존의 언약─인간 생존을 위해 세계 질서를 보존하십니다.

(3) 아브라함 언약: 약속의 언약─구원의 약속을 저주의 맹세로 하셨습니다.

(4) 모세 언약: 율법의 언약─이스라엘 민족에게 _____으로 율법을 주셨습니다.

(5) 다윗 언약: 왕국의 언약─다윗의 자손이 영원히 통치하실 것입니다.

(6) 그리스도 언약: 완성의 언약─그리스도께서 이전 언약들을 성취하셨습니다.

7. 하나님의 백성(선택민과 불택민)

셋의 계보	이스라엘	____(새 이스라엘)
가인의 계보	이방인	이방인
창 1 - 11장	창 12장 - 말라기	마태복음 - 요한계시록

성경에서 그리스도의 계보는 택함 받은 계보(셋의 계보)이고, 사탄의 계보는 택함 받지 못한 계보(가인의 계보)입니다.

8. 성경 시대의 세계 열강

	애굽	앗수르	____	파사	헬라	로마	
	이집트	앗시리아		페르샤	그리스		
주전1600-1200	900-607	606-	536-	330-	146-	주후476	

9. 사탄의 역사

그리스도가 ____ 못하게 방해	____ 함	믿지 못하게 방해
구약	예수님 당시	예수님 부활 이후~

10. 구약 성경의 역사

창조	인간타락	노아홍수	바벨탑	족장시대	애굽시대	광야시대	가나안시대
창 1-2	창 3-5	창 6-9	창 10-11	창 12-50	출 1-출 12	출 13-신	수

사사시대	통일왕국시대	분열왕국시대	포로시대	포로귀환시대	중간기
삿- 룻	삼상-왕상 11	왕상 12-왕하	단, 겔	스-에, 학-말	말-마

1) 창조: 하나님께서 온 우주와 인간을 창조하셨습니다.

2) 인간타락: 사탄의 유혹을 받아 범죄하여 죽음에 이르게 되었습니다.

3) 노아 홍수: 죄악이 관영한 세상을 홍수로 심판하시고, 노아의 가족을 구원하셨습니다.

4) 바벨탑: 바벨탑 사건으로 언어를 혼잡케 하시므로 ____되었습니다.

5) 족장 시대: 이스라엘의 4대 족장—아브라함, 이삭, 야곱(이스라엘), 요셉.

6) 애굽 시대: ___년간 애굽에 거하다가 하나님의 능력으로 출애굽하였습니다.

7) 광야 시대: 죄악으로 __년간 광야에서 방황하였습니다.

8) 가나안 시대: 여호수아에 의해 가나안을 정복하여 기업으로 받았습니다.

9) 사사 시대: 사사들을 대사사(6명)와 소사사(6명)로 나누기도 합니다.

· 사사(12명): ①옷니엘 ②에훗 ③삼갈 ④드보라, (바락), ⑤ _____, (아비멜렉) ⑥돌라 ⑦야일 ⑧입다 ⑨입산 ⑩엘론 ⑪압돈 ⑫삼손

10) 통일 왕국시대: ①사울 ② ___ ③솔로몬

11) 분열 왕국시대: 솔로몬의 범죄로 남북 왕국으로 분열되었습니다.

(1) 북방 이스라엘 왕국: 10개 지파—주전 721(2)년 앗수르에게 멸망.

· 이스라엘 왕(9왕조 19왕): ①여로보암 ②나답 ③바아사 ④엘라

⑤시므리 ⑥오므리 ⑦____ ⑧아하시야 ⑨여호람 ⑩예후 ⑪여호아하스 ⑫요아스 ⑬여로보암 2세 ⑭스가랴 ⑮살룸 ⑯므나헴 ⑰브가히야 ⑱베가 ⑲호세아

(2) 남방 유다 왕국: 2개 지파(유다와 베냐민)—주전 586(7)년 바벨론에게 멸망.

· 유다 왕(1왕조 19왕): ①르호보암 ②아비얌 ③아사 ④여호사밧 ⑤여호람 ⑥아하시야, (아달랴), ⑦요아스 ⑧아마샤 ⑨웃시야 ⑩요담 ⑪아하스 ⑫히스기야 ⑬므낫세 ⑭아몬 ⑮_____ ⑯여호아하스 ⑰여호야김 ⑱여호야긴 ⑲시드기야

12) 포로 시대: 70년 동안 바벨론에서 포로 생활.

13) 포로 귀환 시대: 1차 귀환—스룹바벨, 2차—_____,
3차—느헤미야의 인도로 귀환.
에스라, 느헤미야, 에스더, 학개, 스가랴, 말라기.

14) 신구약 중간기: 말라기 이후 ___년간 계시가 없었던 침묵기.
이스라엘은 바벨론을 멸망시킨 바사의 통치를 받으며 구약시대를 마치고, 신구약 중간기에는 ____의 통치를 받았습니다.
이때 마카비(하스모니안) 가문이 혁명을 일으켜 유대를 독립시켰습니다.
주전 63년에는 로마에 정복당하여 로마의 속국이 되었습니다.

11. 신약 성경의 역사

복음의 현현	복음의 ___	복음의 설명	복음의 완성
세례요한, 예수님 탄생, 죽음, 부활, 승천, 하나님 우편에 앉음	예루살렘, 유대, 사마리아, 땅끝	믿음으로 구원 믿음으로 생활	역사의 종말 예수님 재림
복음서	사도행전	서신서(롬-요삼)	요한계시록

1) 복음의 준비: 구약—그리스도의 오심을 예언.

2) 복음의 현현: 복음서—그리스도께서 나타나심.

· 세례요한—예수님보다 6개월 먼저 와서 선포한 그리스도의 선구자.

· 공생애 준비: 그리스도의 탄생, ＿＿＿ , 12살에 유월절, 목수.

· 공생애: 세례, 유대 사역, 갈릴리 사역, 사마리아 사역, 십자가에서 죽으심.

· 공생애 이후: 부활, 승천, 하나님 우편에 앉으심.

3) 복음의 ＿＿＿ : 사도행전. 행 1:8

예루살렘: 행 2-7장, 유대와 ＿＿＿＿＿＿ : 행 8장,

땅 끝까지(이방) 전도: 행 9-28장

(1) 바울의 1차 전도 여행: 행 13-14장. 안디옥 교회 파송.

①안디옥 ②실루기아 ③살라미 ④바보 ⑤밤빌리아의 버가 ⑥비시디아 안디옥 ⑦이고니온 ⑧루스드라 ⑨더베 ⑩루스드라 ⑪＿＿＿＿＿＿ ⑫비시디아 안디옥 ⑬버가 ⑭앗달리아 ⑮안디옥

(2) 바울의 2차 전도 여행: 행 15:36-18:22. 안디옥 교회 파송.

①안디옥 ②수리아 ③길리기아 ④더베 ⑤루스드라 ⑥소아시아의 여러 성 ⑦브루기아 ⑧＿＿＿＿＿＿ ⑨무시아 ⑩드로아 ⑪사모드라게 ⑫네압볼리 ⑬빌립보, (암비볼리와 아볼로니아), ⑭데살로니가 ⑮베뢰아 ⑯아덴 ⑰＿＿＿＿＿ ⑱겐그레아 ⑲에베소 ⑳가이사랴 ㉑안디옥

(3) 바울의 3차 전도 여행: 행 18:23-21:17. 안디옥 교회 파송.

①안디옥 ②갈라디아 ③브루기아 ④＿＿＿＿＿ ⑤마게도냐 ⑥헬라 ⑦마게도냐 ⑧빌립보 ⑨드로아 ⑩앗소 ⑪미둘레네 ⑫기오 ⑬사모 ⑭밀레도 ⑮고스 ⑯로도 ⑰바다라 ⑱두로 ⑲돌레마이 ⑳가이사랴 ㉑예루살렘

(4) 4차(로마여행): 행 27-28장. 예루살렘, 가이사랴, 로마 감옥에서 죄수로

전도.

①예루살렘(23장) ②가이사랴 ③시돈 ④무라 ⑤니도 ⑥살모네 ⑦미항 ⑧가우다 ⑨_____ ⑩수라구사 ⑪레기온 ⑫보디올 ⑬압비오 ⑭삼관 ⑮로마

4) 복음의 설명: 서신서는 _____ 교리와 믿음의 생활을 설명합니다.

5) 복음의 완성: 요한계시록은 재림으로 세상의 종말이 오고, 복음이 완성됨을 설명합니다.

12. 하나님이 사람과 함께 하심(임마누엘)

에덴	___	성막	성전	예수님	교회	하나님 나라
아담과 하와	구약 백성			육체	신약 백성	영원히 함께
창 1-3	창 4-50	출 - 삼하	왕상 - 마	마- 요	행 - 계	재림

1) 에덴 동산에서는 하나님이 인간과 함께 하셨습니다.

2) 구약 시대에는 ____ 과 성막, 성전에서 만나주셨습니다.

3) 예수님이 오심으로 하나님이 예수님 안에 거하셨습니다.

4) 성령 강림으로 신자 안에 ____하시며, 교회 가운데 거하시게 되셨습니다.

5) 주님이 재림하심으로 하나님 나라가 ____되면 영원히 함께 하십니다.

(계 21:3) 보라 하나님의 장막이 사람들과 함께 있으매 하나님이 그들과 함께 계시리니 그들은 하나님의 백성이 되고 하나님은 친히 그들과 함께 계셔서

이 과를 마치면서

1. 나는 하나님의 구원의 역사를 이루기 위해 누구를 전도하겠습니까?

소감 및 깨달은 말씀

3. 말씀의 손

"예수께서 대답하여 이르시되 기록되었으되 사람이 떡으로만 살 것이 아니요
하나님의 입으로부터 나오는 모든 말씀으로 살 것이라 하였느니라 하시니" (마 4:4)

3

＊예화- 말씀의 손(왼손)

1. 듣기- 새끼손가락

2. 읽기- 약지

3. 공부- 장지

4. 암송- 검지

5. 묵상- 엄지

＊ 적용- 손목

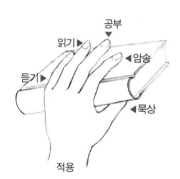

말씀의 손 예화는 말씀을 어떻게 ____ 하는 가를 보여줍니다.

영적 생명을 가진 사람은 생명의 양식인 하나님의 말씀을 먹어야 ____ 합니다.

(마 4:4) 예수께서 대답하여 가라사대 기록되었으되 사람이 떡으로만 살 것이 아니요 하나님의 입으로부터 나오는 모든 말씀으로 살 것이라 하였느니라 하시니

(벧전 2:2) 갓난 아이들 같이 순전하고 신령한 젖을 사모하라 이는 그로 말미암아 너희로 구원에 이르도록 자라게 하려 함이라

하나님의 말씀은 검으로 표현되고 있습니다.

(엡 6:17) 성령의 검 곧 하나님의 말씀을 가지라

우리가 __을 쥘 때 다섯 손가락을 다 사용합니다.

말씀을 ____할 때도 마찬가지로 다섯 손가락을 다 사용해야 합니다.

1. 듣기-새끼손가락

하나님의 말씀을 섭취하는 가장 기본적인 방법은 무엇이며 이러한 방법에는 어떤 것이 있습니까?

1) 말씀을 듣는 두 가지 방법과 그 실제를 말해 보십시오.

(느 8:8) 하나님의 율법책을 낭독하고 그 뜻을 해석하여 백성에게 그 낭독하는 것을 다 깨닫게 하니

2) 말씀을 듣는 것의 유익은 무엇입니까?

(롬 10:17) 믿음은 들음에서 나며 들음은 그리스도의 말씀으로 말미암았느니라

(계 1:3) 이 예언의 말씀을 읽는 자와 듣는 자와 그 가운데에 기록한 것을 지키는 자는 복이 있나니 때가 가까움이라

3) 말씀을 어떤 자세로 들어야 합니까?

(행 13:7) 서기오 바울은 지혜 있는 사람이라 바나바와 사울을 불러 하나님의 말씀을 듣고자 하더라

(행 17:11) 베뢰아에 있는 사람은 데살로니가에 있는 사람들보다 더 너그러워서 간절한 마음으로 말씀을 받고

(눅 19:48) 백성이 다 그에게 귀를 기울여 들으므로 어찌할 방도를 찾지 못하였더라

(약 1:22) 너희는 말씀을 행하는 자가 되고 듣기만 하여 자신을 속이는 자가 되지 말라

＊ 하나님의 말씀을 효과적으로 듣는 방법 가운데 하나는 무엇입니까?

＊ 교회 예배에 출석하는 것이 중요한 이유는 무엇입니까?

2. 읽기-약지

우리는 ____ 듣기에만 의존해선 안 됩니다. 일주일에 한 번만 말씀을 먹는 것이 아니라 ____ 자기 스스로 말씀의 꼴을 먹어야 합니다.

1) 말씀을 읽는 두 가지 방법은 무엇입니까?

(눅 4:16) 예수께서 그 자라나신 곳 나사렛에 이르사 안식일에 늘 하시던 대로 회당에 들어가사 성경을 읽으려고 서시매

(신 17:18) 그가 왕위에 오르거든 이 율법서의 등사본을 레위 사람 제사장 앞에서 책에 기록하여

(신 17:19) 평생에 자기 옆에 두고 읽어 그의 하나님 여호와 경외하기를 배우며 이 율법의 모든 말과 이 규례를 지켜 행할 것이라

2) 말씀을 언제 먹어야 합니까?

(출 16:4) 보라 내가 너희를 위하여 하늘에서 양식을 비 같이 내리리니 백성이 나가서 일용할 것을 날마다 거둘 것이라

3) 말씀을 왜 읽어야 하며, 어떻게 읽어야 합니까?

① (계 1:3) 이 예언의 말씀을 읽는 자가 복이 있습니다.

② 말씀을 읽지도 않으면서 잘 모르겠다고 하는데, _____ 더 읽어야 합니다.

③ 성경을 읽되 ___를 통독해야 합니다.

④ 성경을 일 년에 일독하려면 _____하면 됩니다.

⑤ ___로 한번에 읽는 것이 효과적입니다.

3. 공부-장지

장지는 가장 긴 손가락으로, 성경공부는 가장 많은 시간을 투자해야 합니다.

1) 성경에서 말씀을 연구했던 사람은 누구입니까?

(행 17:11) 베뢰아에 있는 사람들은 데살로니가에 있는 사람들보다 더 너그러워서 간절한 마음으로 말씀을 받고 이것이 그러한가 하여 날마다 성경을 상고하므로

여기서 "상고하다" 의 헬라어 의미는 '시험하다', '연구하다', '탐색하다' 입니다.

(스 7:10) 에스라가 여호와의 율법을 연구하여 준행하며 율례와 규례를 이스라엘에게 가르치기로 결심하였었더라

(벧전 1:10) 이 구원에 대하여는 너희에게 임할 은혜를 예언하던 선지자들이 연구하고 부지런히 살펴서

2) 말씀을 연구하는 태도는 어떠해야 합니까?

(잠 2:4) 은을 구하는 것 같이 그것을 구하며 감추어진 보배를 찾는 것 같이 그것을 찾으면

3) 성경공부의 방법에는 어떤 것들이 있습니까?

(1) 성경은 개인적으로 또는 그룹으로 공부할 수 있습니다.

① 개인적 성경공부: 매일 스스로 성경을 연구하여 진리를 찾는 것입니다.

② 그룹성경공부: 일주일에 한 번 이상 _____으로 모여서 함께 성경을 공부합니다.

(2) 성경은 연역적인 방법(주제별)과 귀납적인 방법(책별)으로 공부할 수 있습니다.

① 연역적인 방법은 주제를 ___하는 방식으로 성경을 공부합니다.

② 귀납적인 방법은 ___을 관찰, 해석, 적용하는 방식으로 성경을 공부합니다.

성경공부도 매일 30분~1시간씩 지속적으로 하는 것이 중요합니다.

배우고자 하는 자세, ___하는 마음, 부지런한 태도로 말씀을 연구해야 합니다.

4. 암송—검지

검지는 가장 많이 사용하는 손가락으로, 암송에 따른 ___이 가장 많습니다.

1) 성경을 암송해야 할 이유는 무엇입니까?

(신 6:6) 오늘 내가 네게 명하는 이 말씀을 너는 마음에 새기고

(잠 7:3) 이것을 네 손가락에 매며 이것을 네 마음판에 새기라

(골 3:16) 그리스도의 말씀이 너희 속에 풍성히 거하여

2) 성경 암송의 유익은 무엇입니까?

(시 119:9) 청년이 무엇으로 그의 행실을 깨끗하게 하리이까 주의 말씀만 지킬 따름이니이다

(시 119:11) 내가 주께 범죄하지 아니하려 하여 주의 말씀을 내 마음에 두었나이다

(엡 6:17) 구원의 투구와 성령의 검 곧 하나님의 말씀을 가지라

(마 4:4) 예수께서 대답하여 이르시되 기록되었으되 사람이 떡으로만 살 것이 아니요 하나님의 입으로부터 나오는 모든 말씀으로 살 것이라 하였느니라

3) 암송의 실제
① 암송의 비결은 계속적인 _____ 에 있습니다.
② 일주일에 두 구절 정도 외웁니다.
③ _____ 시간들을 활용합니다.

5. 묵상—엄지손가락
1) 말씀 묵상이란 무엇이며 이것은 왜 중요합니까?
묵상은 소가 _____하는 과정과 같습니다.
말씀도 먹는 것뿐만 아니라 잘 ____시키는 것 역시 중요합니다.

2) 말씀 묵상의 축복은 무엇입니까?
(시 1:1–2) 복 있는 사람은…… 오직 여호와의 율법을 즐거워하여 그 율법을 주야로 묵상하는 자로다

(시 1:3) 그는 시냇가에 심은 나무가 철을 따라 열매를 맺으며 그 잎사귀가 마르지 아니함 같으니 그가 하는 모든 일이 다 형통하리로다

(수 1:8) 이 율법책을 네 입에서 떠나지 말게 하며 주야로 그것을 묵상하여 그 안에 기록된 대로 다 지켜 행하라 그리하면 네 길이 평탄하게 될 것이며 네가 형통하리라

(시 119:97) 내가 주의 법을 어찌 그리 사랑하는지요 내가 그것을 종일 작은 소

리로 읊조리나이다

(시 119:99) 내가 주의 증거들을 늘 읊조리므로 나의 명철함이 나의 모든 스승보다 나으며

3) 말씀 묵상은 하나님의 말씀을 어떻게 해줍니까?

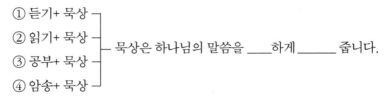

① 듣기+ 묵상

② 읽기+ 묵상

③ 공부+ 묵상

④ 암송+ 묵상

묵상은 하나님의 말씀을 ____하게 _____ 줍니다.

6. 적용—손목

듣기+묵상+적용, 읽기+묵상+적용, 공부+묵상+적용, 암송+묵상+적용 이 모든 과정은 성경을 ____ 위해서가 아니라 성경을 적용하여____ 하기 위한 것입니다.

(막 4:20) 좋은 땅에 뿌려졌다는 것은 곧 말씀을 듣고 받아 삼십 배와 육십 배와 백 배의 결실을 하는 자니라

실습

엄지와 새끼손가락으로 성경을 쥐어 보십시오.

엄지와 네 번째 손가락으로 성경을 쥐어 보십시오.

엄지와 세 번째 손가락으로 성경을 쥐어 보십시오.

엄지와 두 번째 손가락으로 성경을 쥐어 보십시오.

엄지와 새끼손가락으로 성경을 쥐어 보십시오.
엄지와 두 손가락으로 성경을 쥐어 보십시오.
엄지와 세 손가락으로 성경을 쥐어 보십시오.
엄지와 네 손가락으로 성경을 쥐어 보십시오.

＊현재 나의 말씀의 손의 모습을 그려보십시오.

이 과를 마치면서

1. 이과의 적용으로 나의 현재 상황과 나의 새로운 목표를 정하고
   실천하십시오.

방법	72시간 후	현재 상황		새 목표와 계획	
듣기	5-10% 기억	주(	)번	주(	)번
읽기	__% 기억	일(	)장	일(	)장
공부	50% 기억	일(	)분	일(	)분
암송	100% 기억	주(	)절	주(	)절
묵상		언제:		언제:	

소감 및 깨달은 말씀

4. 기도의 손

"구하라 그리하면 너희에게 주실 것이요 찾으라 그리하면 찾아낼 것이요
문을 두드리라 그리하면 너희에게 열릴 것이니
구하는 이마다 받을 것이요 찾는 이는 찾아낼 것이요
두드리는 이에게는 열릴 것이니라" (마 7:7-8)

4

*예화– 기도의 손(오른 손)

1. 찬양—엄지

2. 감사—검지

3. 고백—장지

4. 간구—약지

5. 영광—새끼손가락

* 듣기—손목

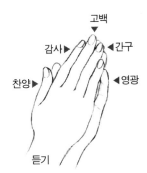

기도는 영혼의 호흡과 같습니다.

신앙 생활을 시작하면서 기도를 하게 되는데

어떻게 기도 하는지 몰라 어려워하는 경우가 있습니다.

기도의 손 예화를 통해 기도의 ____들이 포함된, _____ 기도를 배

울 수 있습니다.

1. 찬양–엄지손가락

1) 찬양이란 무엇입니까?

찬양이란 하나님의 _____을 노래하는 것입니다.

다시 말해서 하나님의 ___과 ___에 대해 찬미하는 것을 말합니다.

(시 113:3) 해 돋는 데에서부터 해 지는 데에까지 여호와의 이름이 찬양을 받으시리로다

2) 찬양의 대상은 누구입니까?

(시 146:1) 할렐루야 내 영혼아 여호와를 찬양하라

(시 146:2) 나의 생전에 여호와를 찬양하며 나의 평생에 내 하나님을 찬송하리로다

(단 5:23) 왕이 또 보지도 듣지도 알지도 못하는 금, 은, 구리, 쇠와 나무, 돌로 만든 신상들을 찬양하고 도리어 왕의 호흡을 주장하시고 왕의 모든 길을 작정하시는 하나님께는 영광을 돌리지 아니한지라

사람을 찬양하거나 사람이 찬양을 받는 것은 아주 ___스러운 일입니다.

(행 12:22) 백성들이 크게 부르되 이것은 신의 소리요 사람의 소리가 아니라 하거늘

(행 12:23) 헤롯이 영광을 하나님께로 돌리지 아니하므로 주의 사자가 곧 치니 벌레에게 먹혀 죽으니라

3) 하나님을 어떤 분으로 찬양하고 있습니까?

(시 144:1) 나의 반석이신 여호와를 찬송하리로다 그가 내 손을 가르쳐 싸우게 하시며 손가락을 가르쳐 전쟁하게 하시는도다

(시 144:2) 여호와는 나의 사랑이시요 나의 요새이시요 나의 산성이시요 나를 건지시는 이시요 나의 방패이시니 내가 그에게 피하였고 그가 내 백성을 내게 복종하게 하셨나이다

(대상 29:11) 여호와여 위대하심과 권능과 영광과 승리와 위엄이 다 주께 속하였사오니 천지에 있는 것이 다 주의 것이로소이다 여호와여 주권도 주께 속하였사오니 주는 높으사 만물의 머리이심이니이다
(대상 29:12) 부와 귀가 주께로 말미암고 또 주는 만물의 주재가 되사 손에 권세와 능력이 있사오니

2. 감사—검지

1) 감사란 무엇입니까?

감사는 하나님께서_____ 일과 _____ 일에 대해 감사드리는 것입니다. 하나님이 나를 위해 해주신 일에 대해 감사하고, 은혜로 베풀어 주신 일들에 대해 감사드려야 합니다.

2) 언제 무엇을 감사해야 합니까?

(엡 5:20) 범사에 우리 주 예수 그리스도의 이름으로 항상 아버지 하나님께 감사하며

(살전 5:18) 범사에 감사하라 이것이 그리스도 예수 안에서 너희를 향하신 하나님의 뜻이니라

(시 116:12) 내게 주신 모든 은혜를 내가 여호와께 무엇으로 보답할까

3) 감사의 내용들은 무엇입니까?

(시 136:5) 지혜로 하늘을 지으신 이에게 감사하라 그 인자하심이 영원함이로다

(시 136:10) 애굽의 장자를 치신 이에게 감사하라 그 인자하심이 영원함이로다

(시 136:13) 홍해를 가르신 이에게 감사하라 그 인자하심이 영원함이로다

(시 136:16) 그의 백성을 인도하여 광야를 통과하게 하신 이에게 감사하라 그 인자하심이 영원함이로다

(시 136:25) 모든 육체에게 먹을 것을 주신 이에게 감사하라 그 인자하심이 영원함이로다

3. 자백-장지

1) 자백이란 무엇입니까?

지은 죄를 ____ (자백)하는 것을 ____ 라고도 합니다.

2) 죄를 자백해야 하는 이유는 무엇입니까?

죄를 회개해야 하나님과의 ____ 가 회복됩니다.

(시 66:18) 내가 나의 마음에 죄악을 품었더라면 주께서 듣지 아니하시리라

(사 59:2) 오직 너희 죄악이 너희와 너희 하나님 사이를 갈라 놓았고 너희 죄가 그 얼굴을 가리어서 너희에게서 듣지 않으시게 함이니라

3) 죄를 자백하면 어떻게 됩니까?

(잠 28:13) 자기의 죄를 숨기는 자는 형통하지 못하나 죄를 자복하고 버리는 자는 불쌍히 여김을 받으리라

4. 간구—약지

간구란 우리의 필요를 _____ 구한다는 뜻입니다.

(마 7:7) 구하라 그리하면 너희에게 주실 것이요 찾으라 그리하면 찾아낼 것이요 문을 두드리라 그리하면 너희에게 열릴 것이니

(마 7:8) 구하는 이마다 받을 것이요 찾는 이는 찾아낼 것이요 두드리는 이에게 는 열릴 것이니라

1) 하나님을 위한 간구

(마 6:10) 나라가 임하시오며 뜻이 하늘에서 이룬 것 같이 땅에서도 이루어지이다

하나님 ____를 위해서, 하나님의 ____ 이루어지기를 위해서 기도합니다.

또한 하나님의 ____와 하나님의 일들을 위해서도 기도합니다.

2) 다른 사람을 위한 간구

(삼상 12:23) 나는 너희를 위하여 기도하기를 쉬는 죄를 여호와 앞에 결단코 범하지 아니하고

다른 사람의 필요를 위한 기도를 ____라고 합니다.

》 다른 사람을 위해 어떤 내용으로 기도할 수 있습니까?

(행 12:5) 이에 베드로는 옥에 갇혔고 교회는 그를 위하여 간절히 하나님께 기도 하더라

(엡 6:18) 모든 기도와 간구를 하되 항상 성령 안에서 기도하고 이를 위하여 깨어 구하기를 항상 힘쓰며 여러 성도를 위하여 구하라

(엡 6:19) 또 나를 위하여 구할 것은 내게 말씀을 주사 나로 입을 열어 복음의

비밀을 담대히 알리게 하옵소서 할 것이니

(욥 42:10) 욥이 그의 친구들을 위하여 기도할 때 여호와께서 욥의 곤경을 돌이키시고 여호와께서 욥에게 이전 모든 소유보다 갑절이나 주신지라

(눅 22:32) 그러나 내가 너를 위하여 네 믿음이 떨어지지 않기를 기도하였노니 너는 돌이킨 후에 네 형제를 굳게 하라

(골 1:9) 너희를 위하여 기도하기를 그치지 아니하고 구하노니 너희로 하여금 모든 신령한 지혜와 총명에 하나님의 뜻을 아는 것으로 채우게 하시고

(골 1:10) 주께 합당하게 행하여 범사에 기쁘시게 하고 모든 선한 일에 열매를 맺게 하시며 하나님을 아는 것에 자라게 하시고

(골 1:11) 그 영광의 힘을 따라 모든 능력으로 능하게 하시며 기쁨으로 모든 견딤과 오래 참음에 이르게 하시고

(약 5:16) 그러므로 너희 죄를 서로 고백하며 병 낫기를 위하여 서로 기도하라 의인의 간구는 역사하는 힘이 큼이니라

(신 9:26) 여호와께 간구하여 이르되 주 여호와여 주께서 큰 위엄으로 속량하시고 강한 손으로 애굽에서 인도하여 내신 주의 백성 곧 주의 기업을 멸하지 마옵소서

(딤전 2:1) 그러므로 내가 첫째로 권하노니 모든 사람을 위하여 간구와 기도와 도고와 감사를 하되

(딤전 2:2) 임금들과 높은 지위에 있는 모든 사람을 위하여 하라 이는 우리가 모든 경건과 단정함으로 고요하고 평안한 생활을 하려 함이라

(마 5:44) 나는 너희에게 이르노니 너희 원수를 사랑하며 너희를 핍박하는 자를 위하여 기도하라

(눅 6:28) 너희를 저주하는 자를 위하여 축복하며 너희를 모욕하는 자를 위하여 기도하라

(눅 23:34) 이에 예수께서 이르시되 아버지 저들을 사하여 주옵소서 자기들이 하는 것을 알지 못함이니이다 하시더라

3) 자신을 위한 간구

(마 6:11) 오늘 우리에게 일용할 양식을 주시옵고

(마 6:12) 우리가 우리에게 죄 지은 자를 사하여 준 것 같이 우리 죄를 사하여 주시옵고

(마 6:13) 우리를 시험에 들게 하지 마시옵고 다만 악에서 구하시옵소서

(눅 11:13) 너희가 악할지라도 좋은 것을 자식에게 줄 줄 알거든 하물며 너희 하늘 아버지께서 구하는 자에게 성령을 주시지 않겠느냐 하시니라

(약 1:5) 너희 중에 누구든지 지혜가 부족하거든 모든 사람에게 후히 주시고 꾸짖지 아니하시는 하나님께 구하라 그리하면 주시리라

(빌 4:6) 아무 것도 염려하지 말고 오직 모든 일에 기도와 간구로, 너희 구할 것을 감사함으로 하나님께 아뢰라

5. 영광-새끼손가락

(마 6:13) 나라와 권세와 영광이 아버지께 영원히 있사옵나이다 아멘

· 기도 요소의 순서는 _____ 되지만 기도의 요소들은 포함되어야 합니다.

1) 마지막으로 '예수님의 이름으로' 기도를 드립니다.

(요 14:14) 내 이름으로 무엇이든지 내게 구하면 내가 행하리라(참고 요 16:23)

예수님의 _____ 하는 기도라야 예수님의 이름으로 하는 기도입니다.

2) 아멘으로 마칩니다.

아멘은 '진실로'라는 뜻으로 그렇게 되기를 바란다(동의), 그렇게 이루어지이다, _____라는 의미입니다.

6. 듣기-손목

기도는 어떤 의미에서 하나님의 말씀을 ____ 것입니다.

나만 말하고 일어나지 말고 ____으로 나에게 하시는 말씀을 들어야 합니다.

(삼상 3:10) 여호와께서 임하여 서서 전과 같이 사무엘아 사무엘아 부르시는지라 사무엘이 이르되 말씀하옵소서 주의 종이 듣겠나이다

이 과를 마치면서

1. 기도의 손에 따른 기도의 요소대로 기도문을 작성해 보십시오.

소감 및 깨달은 말씀

5. 큐티

"새벽 아직도 밝기 전에 예수께서 일어나 나가 한적한 곳으로 가사
거기서 기도하시더니" (막 1:35)

5

우리는 주일에 공동체로 모여 예배드리지만, 한 주간 동안도 날마다 주님과 교제하는 삶을 살아야 합니다.

개인 신앙 생활에 있어서 큐티는 가장 기본적인 것으로 매우 중요합니다.

예수님께서도 우리에게 경건 생활의 모범을 보여 주셨습니다.

1. 용어

큐티는 큐티(Quiet time: 조용한 시간), ____의 시간, 일용할 양식, 묵상의 시간, 매일의 헌신(Daily devotion), 하나님과의 만남, ____ 기도, 아침파수(Morning watch), 개인적인 헌신 등으로 다양하게 불리고 있습니다.

2. 정의(what)

큐티는 하나님과 개인적으로 교제하는 시간입니다.
교제는 ____를 통해서 합니다.

(시 143:8) 아침에 나로 하여금 주의 인자한 말씀을 듣게 하소서 내가 주를 의뢰함이니이다

(시 5:3) 여호와여 아침에 주께서 나의 소리를 들으시리니 아침에 내가 주께 기도하고 바라리이다

그러므로 큐티는 말씀과 기도를 통한 하나님과의 ____라고 할 수 있습니다.

3. 성경의 예(who)

1) 예수님

(막 1:35) 새벽 아직도 밝기 전에 예수께서 일어나 나가 한적한 곳으로 가사 거

기서 기도하시더니

2) 모세
(출 33:11) 사람이 자기의 친구와 이야기함 같이 여호와께서는 모세와 대면하여 말씀하시며

3) 여호수아
(수 1:8) 이 율법책을 네 입에서 떠나지 말게 하며 주야로 그것을 묵상하여 그 안에 기록된 대로 다 지켜 행하라 그리하면 네 길이 평탄하게 될 것이며 네가 형통하리라

4) ____
(시 119:147) 내가 날이 밝기 전에 부르짖으며 주의 말씀을 바랐사오며
(시 119:148) 주의 말씀을 조용히 읊조리려고 내가 새벽녘에 눈을 떴나이다

4. 이유(why), 목적, 유익
1) 주님과 ____ 하기 위해
(고전 1:9) 너희를 불러 그의 아들 예수 그리스도 우리 주와 더불어 교제하게 하시는 하나님은 미쁘시도다

(창 1:27) 하나님이 자기 형상 곧 하나님의 형상대로 사람을 창조하시되

(요일 1:3) 우리가 보고 들은 바를 너희에게도 전함은 너희로 우리와 사귐이 있게 하려 함이니 우리의 사귐은 아버지와 그의 아들 예수 그리스도와 더불어 누림이라

(계 3:20) 볼지어다 내가 문 밖에 서서 두드리노니 누구든지 내 음성을 듣고 문을 열면 내가 그에게로 들어가 그와 더불어 먹고 그는 나와 더불어 먹으리라

그러므로 큐티를 하면 주님과의 _____를 발전시킬 수 있습니다.

2) 하나님을 _____ 위해

(요 17:3) 영생은 곧 유일하신 참 하나님과 그의 보내신 자 예수 그리스도를 아는 것이니이다

(골 1:10) 주께 합당하게 행하여 범사에 기쁘시게 하고 모든 선한 일에 열매를 맺게 하시며 하나님을 아는 것에 자라게 하시고
(벧후 3:18) 오직 우리 주 곧 구주 예수 그리스도의 은혜와 그를 아는 지식에서 자라 가라

(시 34:8) 너희는 여호와의 선하심을 맛보아 알지어다
(호 6:3) 그러므로 우리가 여호와를 알자 힘써 여호와를 알자

3) 주님의 _____을 이루기 위해

(고후 3:18) 우리가 다 수건을 벗은 얼굴로 거울을 보는 것 같이 주의 영광을 보매 그와 같은 형상으로 변화하여 영광에서 영광에 이르니 곧 주의 영으로 말미암음이니라

(롬 8:29) 하나님이 미리 아신 자들을 또한 그 아들의 형상을 본받게 하기 위하여 미리 정하셨으니

4) 영적 _____을 위해

(1) 영적 건강

(벧전 2:2) 갓난 아기들 같이 순전하고 신령한 젖을 사모하라 이는 그로 말미암아 너희로 구원에 이르도록 자라게 하려 함이라

(2) 영적 ___

(시 119:9) 청년이 무엇으로 그의 행실을 깨끗하게 하리이까 주의 말씀만 지킬 따름이니이다

(시 119:11) 내가 주께 범죄하지 아니하려 하여 주의 말씀을 내 마음에 두었나이다

(3) 영적 능력

(엡 6:17) 구원의 투구와 성령의 검 곧 하나님의 말씀을 가지라

(4) 영적 상담

(딤후 3:16) 모든 성경은 하나님의 감동으로 된 것으로 교훈과 책망과 바르게 함과 의로 교육하기에 유익하니

5) 기타

(1) 기도 응답

(요일 5:14) 그를 향하여 우리의 가진 바 담대함이 이것이니 그의 뜻대로 무엇을 구하면 들으심이라

(2) 하나님의 ___

(잠 3:5) 너는 마음을 다하여 여호와를 신뢰하고 네 명철을 의지하지 말라

(잠 3:6) 너는 범사에 그를 인정하라 그리하면 네 길을 지도하시리라

(3) 열매 맺는 생활

(요 15:5) 나는 포도나무요 너희는 가지니 그가 내 안에, 내가 그 안에 거하면 사람이 열매를 많이 맺나니 나를 떠나서는 너희가 아무 것도 할 수 없음이라

(시 1:2) 오직 여호와의 율법을 즐거워하여 그 율법을 주야로 묵상하는도다

(시 1:3) 그는 시냇가에 심은 나무가 철을 따라 열매를 맺으며 그 잎사귀가 마르지 아니함 같으니 그가 하는 모든 일이 다 형통하리로다

＊큐티를 왜 해야 하는지 알 때 큐티를 하고자 하는 ____가 유발됩니다.

5. 방법(how)
  1) 기도(waiting): ____의 도우심을 구함.
(시 119:18) 내 눈을 열어서 주의 율법에서 놀라운 것을 보게 하소서

  2) 읽기(reading): 천천히 반복해 본문을 정독함(3-4회).

  3) 묵상(meditation)
  ① 하나님(아버지, 예수님, 성령님)에 대한 교훈은 무엇인가?
  ② 순종해야 할 명령, 주장할 약속, 경고, 본받을 일, 피해야 할 죄는
  무엇인가?

  4) 기록(recording)
  · 본문   · 날짜(요일)
  ① 제목 혹은 대의
  ② ____(관찰, 해석)
  ③ 적용

  5) 적용(application): 3P 법칙.
  ① 개인적인 것(personal)
  ② 실천적인 것(practical)
  ③ 가능한 것(possible)
  ＊ 점검할 수 있는 것

  6) 적용기도(prayer)

7) 나눔(sharing)

6. 구체적인 준비
① 시간: 막 1:35

② 장소: 막 1:35
③ 성경, 찬송
④ 큐티 노트
⑤ 큐티 계획표
⑥ 건강(육체) 요인: 일찍 잘 것.
⑦ 도덕적 요인: ＿＿ 한 마음
(시 66:18) 내가 나의 마음에 죄악을 품었더라면 주께서 듣지 아니하시리라

⑧ ＿＿ 요인: 복종하는 마음
(요 7:17) 사람이 하나님의 뜻을 행하려 하면 이 교훈이 하나님께로부터 왔는지 내가 스스로 말함인지 알리라
(삼상 3:10) 여호와께서 임하여 서서 전과 같이 사무엘아 사무엘아 부르시는지라 사무엘이 이르되 말씀하옵소서 주의 종이 듣겠나이다

⑨ 자명종 시계를 맞추어 놓을 것.
⑩ 큐티 시간을 사모하여 ＿＿ 주시기를 기도하고 잘 것.
⑪ 매일 큐티를 삶의 최우선 순위에 둘 것.

7. 나의 개인적 헌신(when, where)
나는 나의 가장 좋은 시간인 (　　　)시부터 (　　　)시까지 (　　　)분 간 가장 조용한 장소인 (　　　)에서 말씀과 기도를 통하여 주님과 교제하며 묵상에서 적용된 말씀을 (　　　)와 나눌 것을 약속합니다.

>> 큐티 워크숍

이 과를 마치면서

1. 오늘의 큐티 본문으로 큐티를 간단히 해 보십시오.

소감 및 깨달은 말씀

6. 성경 읽기

"이 예언의 말씀을 읽는 자와 듣는 자와 그 가운데에 기록한 것을
지키는 자는 복이 있나니 때가 가까움이라" (계 1:3)

6

미국의 16대 대통령 링컨은 '나는 하나님께서 천지를 창조하신 이래 인류에게 주신 최상의 선물은 성경이라고 믿는다'고 하였습니다.

성경은 가장 많이 읽혀지는 베스트셀러지만 또한 가장 많이 읽혀지지 않는 책이기도 합니다.

하나님께서 우리에게 읽으라고 주신 성경 말씀을 읽지 않는다면 다시 가져가 버리실 수 있습니다.

1. 성경을 읽어야 할 이유

1) 영혼을 위한 ____이므로

(마 4:4) 기록되었으되 사람이 떡으로만 살 것이 아니요 하나님의 입으로 부터 나오는 모든 말씀으로 살 것이라 하였느니라 하시니

(신 8:3) 너를 낮추시며 너를 주리게 하시며 또 너도 알지 못하며 네 열조도 알지 못하던 만나를 네게 먹이신 것은 사람이 떡으로만 사는 것이 아니요 여호와의 입에서 나오는 모든 말씀으로 사는 줄을 네가 알게 하려 하심이니라

만나는 하늘 떡으로 떡은 ____을 상징합니다.

하늘 떡을 먹어야 삽니다.

2) 하나님의 __을 알기 위해

(롬 2:18) 율법의 교훈을 받아 하나님의 뜻을 알고 지극히 선한 것을 분간하며

성경에는 하나님의 뜻이 기록되어 있습니다.

하나님의 뜻대로 살려면 하나님의 뜻인 성경을 읽어야 합니다.

3) 하나님의 ____이므로

(1) 모세는 이스라엘 지도자들에게 일생동안 율법을 읽으라고 명령했습니다.

(신 17:19) 평생에 자기 옆에 두고 읽어 그의 하나님 여호와 경외하기를 배우며 이 율법의 모든 말과 이 규례를 지켜 행할 것이라

＊날마다 성경을 읽어야 하는 3가지 이유

① 하나님 경외하기를 배우기 위해.

② 율법의 모든 말과 규례를 지키기 위해.

③ 이것들을 _____ 위해.

(2) 바울은 디모데에게 명령하였습니다.

(딤전 4:13) 내가 이를 때까지 읽는 것과 권하는 것과 가르치는 것에 전념하라

성경을 읽는 일에 전심하여야 합니다.

2. 성경 읽기의 유익

(계 1:3) 이 예언의 말씀을 읽는 자와 듣는 자와 그 가운데에 기록한 것을 지키는 자는 복이 있나니 때가 가까움이라

성경 말씀을 읽으면 복을 받는데 어떤 복을 받습니까?

1) ____을 얻게 됩니다.

(딤후 3:15) 또 어려서부터 성경을 알았나니 성경은 능히 너로 하여금 그리스도 예수 안에 있는 믿음으로 말미암아 구원에 이르는 지혜가 있게 하느니라

(요 5:39) 너희가 성경에서 영생을 얻는 줄 생각하고 성경을 연구하거니와

영생을 얻게 됩니다.

2) 그리스도를 알게 됩니다.

(요 5:39) 너희가 성경에서 영생을 얻는 줄 생각하고 성경을 연구하거니와 이 성경이 곧 내게 대하여 증언하는 것이니라

(눅 24:27) 이에 모세와 및 모든 선지자의 글로 시작하여 모든 성경에 쓴 바 자기에 관한 것을 자세히 설명하시니라

3) 지혜롭게 됩니다.

(시 19:7) 여호와의 율법은 완전하여 영혼을 소성시키며 여호와의 증거는 확실하여 우둔한 자를 지혜롭게 하며

(시 119:98) 주의 계명들이 항상 나와 함께 하므로 그것들이 나를 원수보다 지혜롭게 하나이다

(시 119:99) 내가 주의 증거들을 늘 읊조리므로 나의 명철함이 나의 모든 스승보다 나으며

(시 119:100) 주의 법도들을 지키므로 나의 명철함이 노인보다 나으니이다

3. 언제 어떻게 읽을 것인가?

1) 언제 읽을 것인가?

① ____ 시간: 아침에 일어나서, 취침 전.

② 식사시 1장

③ 빈 시간(틈틈이)

2) 어떻게 읽을 것인가?

① 개인적으로 읽습니다.

② ____ 앞에서 읽습니다.

(느 8:3) 수문 앞 광장에서 새벽부터 정오까지 남자나 여자나 알아들을 만한 모든 사람 앞에서 읽으매 뭇 백성이 그 율법책에 귀를 기울였는데

(눅 4:16) 예수께서 그 자라나신 곳 나사렛에 이르사 안식일에 늘 하시던 대로 회당에 들어가사 성경을 읽으려고 서시매

예배 시간에 성경을 ____하는 순서는 예배의 중요한 한 순서입니다.

4. 성경을 읽는 태도

1) ____을 대하듯 읽어야 합니다.

(렘 15:16) 내가 주의 말씀을 얻어 먹었사오니 주의 말씀은 내게 기쁨과 내 마음의 즐거움이오나

2) 음식보다 ____ 여겨야 합니다.

(욥 23:12) 내가 그의 입술의 명령을 어기지 아니하고 정한 음식보다 그의 입의

말씀을 귀히 여겼도다

3) 자세히 읽어야 합니다.

(사 34:16) 너희는 여호와의 책에서 찾아 읽어 보라 이것들 가운데서 빠진 것이 하나도 없고 제 짝이 없는 것이 없으리니 이는 여호와의 입이 이를 명령하셨고 그의 영이 이것들을 모으셨음이라

4) 정금보다 더 사랑해야 합니다.

(시 119:127) 그러므로 내가 주의 계명들을 금 곧 순금보다 더 사랑하나이다

5) 사모해야 합니다.

(시 119:20) 주의 규례들을 항상 사모함으로 내 마음이 상하나이다(참고, 131절)

6) 눈을 열어 놀라운 것을 보기를 바라야 합니다.

(시 119:18) 내 눈을 열어서 주의 율법에서 놀라운 것을 보게 하소서

7) _____ 해야 합니다.

(시 119:24) 주의 증거들은 나의 즐거움이요 나의 충고자니이다

주의 말씀은 꿀보다 더 달다고 하였습니다.

말씀을 읽을 때 이와 같은 말씀의 단 맛을 경험하도록 하십시오.

5. 성경 읽기의 목표

1) 1년 1독(하루 86구절)

2) 일삼주오(주간 23장)

(출 16:21) 무리가 아침마다 각 사람은 먹을 만큼만 거두었고

3) 정기적으로 읽는 것이 중요합니다.

6. 성경 읽기의 방법

성경 말씀을 읽는 데는 두 가지 방법이 있습니다.

하나는 _____식으로 읽는 정독의 방법입니다.

다른 하나는 _____식으로 읽는 속독의 방법입니다.

1) 차례대로 읽으라(순서대로).

2) ____는 빼놓고 읽으라.

3) 신구약을 골고루 읽으라: 구약2, 신약1, 시편

4) 성령께서 죄를 말씀해 주시면 읽던 일을 멈추고 죄를 자백하라.

(히 4:12) 하나님의 말씀은 살아있고 활력이 있어 좌우에 날선 어떤 검보다도 예리하여 혼과 영과 및 관절과 골수를 찔러 쪼개기까지 하며 또 마음의 생각과 뜻을 판단하나니

5) 성경 _____를 사용하라.

6) 책갈피를 이용하라.

7) 성경 테이프를 틀어 놓고 들으라: 보고 듣고 이중 효과.

＊성경을 읽으면서 주제와 내용을 파악하는 능력을 키워야 합니다.

＊종이와 펜을 옆에 준비해 놓고 메모할 것을 적어 놓으십시오.

7. 성경 읽기의 실제

1) 기도: 성령의 조명

(시 119:18) 내 눈을 열어서 주의 율법에서 놀라운 것을 보게 하소서

2) 천천히 읽기(정독):

소리내서 읽습니다.

3) 줄을 치라.

4) 묵상

(시 119:97) 내가 주의 법을 어찌 그리 사랑하는지요 내가 그것을 종일 작은 소리로 읊조리나이다

(시 119:148) 주의 말씀을 조용히 읊조리려고 내가 새벽녘에 눈을 떴나이다

5) ____

6) 적용기도

이 과를 마치면서

1. 나의 성경 읽기 상황을 점검하고 새 목표를 정하여 실천하십시오.

구 분	하 루	시 간
현재 상황	장	
새 목표	장	

적용한 것을 실천하기 위해 기도하십시오.

7. 성경 암송

"오늘 내가 네게 명하는 이 말씀을 너는 마음에 새기고" (신 6:6)

7

성경 암송은 하나님의 말씀을 마음에 간직하는 가장 좋은 방법이며 가장 많은 유익이 있습니다.

그럼에도 불구하고 교회에서 이 암송에 대해 잘 가르치지 못해 왔습니다.

이제 암송의 중요성을 재발견하여 말씀을 암송하는 데 힘써야겠습니다.

1. 암송이란 무엇입니까?

하나님의 말씀을 행하기 위하여 말씀을 _____에 _____ 것입니다.

(신 6:6) 오늘 내가 네게 명하신 이 말씀을 너는 마음에 새기고

(잠 7:1) 아들아 내 말을 지키며 내 명을 간직하라 (7:2) 내 계명을 지켜 살며 내 법을 네 눈동자처럼 지키라 (7:3) 이것을 네 손가락에 매며 이것을 네 마음판에 새기라

(잠 6:20) 내 아들아 네 아비의 명령을 지키며 네 어미의 법을 떠나지 말고

(잠 6:21) 그것을 항상 네 마음에 새기며 네 목에 매라

(렘 31:33) 그러나 그 날 후에 내가 이스라엘 집과 맺을 언약은 이러하니 곧 내가 나의 법을 그들의 속에 두며 그들의 마음에 기록하여 나는 그들의 하나님이 되고 그들은 내 백성이 될 것이라 여호와의 말씀이니라

새 언약 백성들은 ____가 아닌 ____에 말씀이 새겨졌습니다.

성경 암송에서 성경(Scripture)이란 사본을 베껴 쓴 것을 의미합니다.

2. 왜 암송해야 합니까?

1) 하나님의 ____이므로

(신 6:6) 오늘 내가 네게 명하신 이 말씀을 너는 마음에 새기고

(잠 7:3) 이것을 네 손가락에 매며 이것을 네 마음판에 새기라

(신 11:18) 이러므로 너희는 나의 이 말을 너희의 마음과 뜻에 두고 또 그것을 너희의 손목에 매어 기호를 삼고 너희 미간에 붙여 표를 삼으며

(잠 22:17) 너는 귀를 기울여 지혜 있는 자의 말씀을 들으며 내 지식에 마음을 둘지어다

2) 인격 계발을 위해

(골 3:16) 그리스도의 말씀이 너희 속에 풍성히 거하여 모든 지혜로 피차 가르치

며 권면하고 시와 찬송과 신령한 노래를 부르며 감사하는 마음으로 하나님을 찬
양하고

(눅 6:45) 선한 사람은 마음의 쌓은 선에서 선을 내고 악한 자는 그 쌓은 악에서
악을 내나니 이는 마음에 가득한 것을 입으로 말함이니라

말씀의 능력으로 ____이 변화됩니다.
병에 술이 들어있으면 술병이고 병에 약이 들어있으면 약병입니다.
사람에게 말씀이 들어있으면 ____의 사람이 됩니다.
말씀이 우리의 _____를 변화시킵니다.
우리 마음을 하나님의 말씀으로 채울 때 신앙과 인격과 삶이 변화됩니
다.

3) 말씀을 마음판에 새기는 가장 효과적인 방법이므로
(잠 3:3) 그것을 네 목에 매며 네 마음판에 새기라

마음판에 새기라는 것은 ____보다 더 강한 의미의 말입니다.
암송은 하나님의 말씀을 마음판에 새기는 하나의 방법입니다.
암송은 하나님의 말씀을 기억하는데 가장 효과적인 방법입니다.

4) 승리의 ____이므로
(엡 6:17) 구원의 투구와 성령의 검 곧 하나님의 말씀을 가지라

하나님의 말씀은 성령께서 사용하시는 ____에 날선 검입니다.
이 말씀의 칼날을 _____ 않게 잘 갈아 놓아야 합니다.

(마 4:4) 예수께서 대답하여 이르시되 기록되었으되 사람이 떡으로만 살 것이 아
니요 하나님의 입으로부터 나오는 모든 말씀으로 살 것이라 하였느니라 하시니
(신 8:3) 너를 낮추시며 너를 주리게 하시며 또 너도 알지 못하며 네 열조도 알

지 못하던 만나를 네게 먹이신 것은 사람이 떡으로만 사는 것이 아니요 여호와의 입에서 나오는 모든 말씀으로 사는 줄을 네가 알게 하려 하심이니라

예수님은 사탄이 ____으로 공격해 올 때 기록하였으되 하시면서 신명기의 말씀으로 사탄을 물리치셨습니다.

예수님도 말씀을 ____ 하셨으므로 우리는 더욱 말씀을 암송해야 합니다.

성경암송은 ____과 싸우는 가장 강력한 무기입니다.

5) 죄의 유혹으로부터 보호하고 피하기 위해

(시 119:9) 청년이 무엇으로 그의 행실을 깨끗하게 하리이까 주의 말씀만 지킬 따름이니이다

(시 119:11) 내가 주께 범죄하지 아니하려 하여 주의 말씀을 내 마음에 두었나이다

(시 37:31) 그의 마음에는 하나님의 법이 있으니 그의 걸음은 실족함이 없으리로다

주의 말씀을 마음에 두면 그 말씀이 ____와 ____의 역할을 합니다.

말씀이 우리를 죄로부터 보호하고 범죄를 ____해 줍니다.

소가 푸주간으로 들어가는 것과 같습니다.

(잠 7:22) 젊은이가 곧 그를 따랐으니 소가 도수장으로 가는 것 같고 미련한 자가 벌을 받으려고 쇠사슬에 매이러 가는 것과 같도다

6) 효과적인 전도를 위해

(벧전 3:15) 너희 마음에 그리스도를 주로 삼아 거룩하게 하고 너희 속에 있는 소망에 관한 이유를 묻는 자에게는 대답할 것을 항상 준비하되 온유와 두려움으로 하고

7) 하나님의 인도와 보호를 받기 위해

(시 119:105) 주의 말씀은 내 발에 등이요 내 길에 빛이니이다

(잠 6:21) 그것을 항상 네 마음에 새기며 네 목에 매라 (잠 6:22) 그것이 네가 다닐 때에 너를 인도하며 네가 잘 때에 너를 보호하며 네가 깰 때에 너와 더불어 말하리니

기록된 하나님의 말씀으로 ＿＿ 받는 것이 가장 안전합니다.

8) 가르침과 권면(상담)에 효과적이므로
(골 3:16) 그리스도의 말씀이 너희 속에 풍성히 거하여 모든 지혜로 피차 가르치며 권면하고 시와 찬송과 신령한 노래를 부르며 감사하는 마음으로 하나님을 찬양하고
(딤후 3:16) 모든 성경은 하나님의 감동으로 된 것으로 교훈과 책망과 바르게 함과 의로 교육하기에 유익하니

다른 사람과 상담할 때나 권면할 때 효과적입니다.
상담할 때 자기의 ＿＿이나 ＿＿을 말하기보다는 하나님의 말씀을 보여주십시오.

9) 불의의 재난으로 성경을 읽을 수 없을 때를 대비해서
어떤 사람은 다급할 때 주기도문만 생각이 나서 외웠다고 합니다.

10) 성령께서 말씀을 효과적으로 생각나게 하시기 위해
(마 26:75) 이에 베드로가 예수의 말씀에 닭 울기 전에 네가 세 번 나를 부인하리라 하심이 생각나서 밖에 나가서 심히 통곡하니라

＊암송할 때 가장 축복이 많습니다.

3. 어떻게 암송합니까?

1) 암송 구절의 ____ 문맥을 참조하여 정확한 의미를 파악합니다.

2) 주제, ____, 본문, 장절의 순서로 외웁니다.

3) 한 글자도 **빠짐없이** 정확하게 외웁니다.

(엡 6:17) 구원의 투구와 성령의 검 곧 하나님의 말씀을 가지라

4) 소리 내서 암송합니다.

5) ____ 하며 암송하고 성경을 통해 확인합니다.

6) 세 부분으로 나누어 암송합니다.

7) 반복하고 ____ 합니다.

암송에 실패하는 사람은 없으나 ____ 에 실패합니다.

8) 점검자를 두십시오.

9) 암송 카드를 가지고 다니는 습관을 가지십시오.

4. 암송의 활용

1) 전도:

말씀을 인용하여 전할 때 큰 확신을 줍니다.

____ 의 핵심 구절을 암송하여 전합니다.

2) 설교:

3) 편지:

4) ____ :

5) 기도:

기도에 관한 구절들을 암송하면 효과적으로 기도할 수 있습니다.

6) 교제:

7) 간증:

8) ____ : 암송한 말씀은 묵상할 때 유용합니다.

5. 언제 암송해야 합니까?

(신 6:7) 네 자녀에게 부지런히 가르치며 집에 앉았을 때에든지 길을 갈 때에든지 누워 있을 때에든지 일어날 때에든지 말씀을 강론할 것이며

(신 6:9) 또 네 집 문설주와 바깥 문에 기록할지니라

앉았을 때, 길을 갈 때, 누워 있을 때 (   ),

일어날 때 (   ),

식사 전에 다 같이 암송하고 식사합니다.

버스, 전철 안에서, 사람 기다리는 시간, 부스러기 시간 활용(허비되는 시간), 설거지 할 때.

6. 암송하지 않는 이유는 무엇입니까?

1) 목적과 동기가 없기 때문에

(히 2:1) 그러므로 우리는 들은 것에 더욱 유념함으로 우리가 흘러 떠내려가지 않도록 함이 마땅하니라

2) 게으르기 때문에

(잠 13:4) 게으른 자는 마음으로 원하여도 얻지 못하나 부지런한 자의 마음은 풍족함을 얻느니라

3) 주님께 대한 사랑이 없기 때문에

(요 14:21) 나의 계명을 지키는 자라야 나를 사랑하는 자니 나를 사랑하는 자는 내 아버지께 사랑을 받을 것이요 나도 그를 사랑하여 그에게 나를 나타내리라

4) 죄의식에 사로잡혀 있기 때문에

(잠 28:13) 자기의 죄를 숨기는 자는 형통하지 못하나 죄를 자복하고 버리는 자는 불쌍히 여김을 받으리라

5) 기억력이 나쁘다는 핑계 때문에

6) ____의 부족 때문에

7) 진보가 없기 때문에

7. 암송 계획

방법	목표	시간 계획
새 구절	1주 : 2구절	월화(1), 수목(2), 금토(1, 2)
복습	최근 것 : 하루 / 6구절 옛 것 : 하루 / 6구절	

이 과를 마치면서

1. 암송 계획을 세워 보십시오.
2. 외우고 있는 어떤 사실을 말해 보십시오. (예: 집 주소)

소감 및 깨달은 말씀

출 석 부

제 　 권 　 제자양육, 훈련, 무장 과정 　 단계

출석 　／8 － 지각 　　 예습 A,B,C 중 　　 기도 5번 일 : 10분 이상

날짜	과	이 름	출 석	예 습	성경읽기	기 도	큐 티	암 송	과 제	인도자

두루제자훈련 제자화 과정 •···

| 제자 양육 과정 5단계(35과) |

    1권 110 제자 양육 1단계(7과): 그리스도의 복음

    2권 120 제자 양육 2단계(7과): 그리스도인의 성장

    3권 130 제자 양육 3단계(7과): 그리스도인의 새생활

    4권 140 제자 양육 4단계(7과): 그리스도의 교회

    5권 150 제자 양육 5단계(7과): 그리스도인의 예배

| 제자 훈련 과정 5단계(35과) |

    6권 210 제자 훈련 1단계(7과): 그리스도인의 새생명

    7권 220 제자 훈련 2단계(7과): 그리스도인의 확신

    8권 230 제자 훈련 3단계(7과): 그리스도인의 생활

    9권 240 제자 훈련 4단계(7과): 그리스도의 교리

    10권 250 제자 훈련 5단계(7과): 그리스도인의 성숙

| 제자 무장 과정 5단계(35과) |

    11권 310 제자 무장 1단계(7과): 그리스도의 제자

    12권 320 제자 무장 2단계(7과): 그리스도인의 성품

    13권 330 제자 무장 3단계(7과): 그리스도의 제자도

    14권 340 제자 무장 4단계(7과): 그리스도인의 사역

    15권 350 제자 무장 5단계(7과): 그리스도인의 지도력

우리는 평신도를 제자화하여 하나님의 나라를 확장한다.

1. 1992.1.28. 마태복음 9:35-38에 예수님이 모든 도시와 마을에 두루 다니사 가르치시며(teaching ministry) 전파하시며(preaching ministry) 고치시는(healing ministry) 사역을 하신 것을 통하여 두루선교에 대한 비전을 주셨다.

2. 우리는 교회를 중심한 제자훈련을 열심히 실시하여 왔으며 우리의 목표는 평신도를 제자화하여 하나님 나라를 확장하는 것이다.

3. 2004. 9.5. 창대교회에서 두루선교대회를 개최하여 캠퍼스 간사와 리더들과 평신도 리더들을 파송하고 지부와 교회 사역자들과 후원 이사들을 위촉하였다.

4. 두루제자훈련원 세미나는 2004년 12월 겨울학기부터 시작하게 되었는데 1년 7학기로 정기세미나를 실시하고 있다.

   1) 초봄 학기: 2월~3월 7주   4) 여름 학기: 8월 집중   7) 겨울학기: 1월 집중
   2) 봄 학기: 4월~5월 7주   5) 가을 학기: 9월~10월 7주
   3) 늦봄 학기: 6월~7월 7주   6) 늦가을학기: 11월~12월 7주

5. 현재 세미나는 목회자반과 평신도반이 개설되어 있으며 캠퍼스는 연세대, 서울대, 이화여대 등 여러 대학에서 사역하고 있다.

6. 두루제자훈련원 중점 사역들(교회 중심의 제자훈련)

   1) 단계별 소그룹 성경공부

      ① 제자양육과정(5단계: 35과)

      ② 제자훈련과정(5단계: 35과)

      ③ 제자무장과정(5단계: 35과)

   2) 주제별(연역적인 방법) 성경강의(100 Topics)

   3) 책별(귀납적인 방법) 성경연구(신구약 66권)

   4) 제자수련회를 통한 영성훈련

7. 세미나 및 교재에 대한 문의

   두루제자훈련원 평생 전화/ 0505-500-0505

   이메일 · duru@hanmail.net   홈페이지 · www.durums.org

   해외나 멀리 계신 분은 인터넷으로 통화할 수 있습니다.

8. 해외나 지역, 교회, 캠퍼스, 직장 등에서 제자훈련 사역을 하실 분은 연락 바랍니다.

9. 등록 및 후원 입금계좌: 신한은행 **110-115-963454** (계좌명: 두루선교회)

저자 이문선 목사

총신대학교 신학대학원 3년 재학 중 제자훈련을 연구하여 논문을 작성하였고 캘리포니아신학대학원에서 제자훈련 논문을 출판하였다. 비브리칼신학대학원 목회학 박사과정 논문을 준비하고 있으며 지금까지 25년 이상 제자훈련을 연구하며 실시하고 있다. 현재 대한예수교장로회 총회(합동) 서울북노회 창대교회(일산) 담임목사로 섬기고 있으며 프리셉트 전문 강사로 일산을 중심으로 1998년부터 8년째 90학기(10주 과정) 정도 신구약 성경을 강의하였다. 두루제자훈련원(두루선교회)을 설립하여 2004년 12월부터 1년 7학기로 정기세미나를 인도하고 있으며 현재 목회자반과 평신도반을 강의하고 있고 연세대와 서울대와 이화여대를 중심으로 캠퍼스 사역을 실시하고 있다.

논문: 제자훈련의 이론과 실제
교재: 두루제자화 과정

제 1 권 110 제자양육 1단계 그리스도의 복음	제 2 권 120 제자양육 2단계 그리스도인의 성장
제 3 권 130 제자양육 3단계 그리스도인의 새생활	제 4 권 140 제자양육 4단계 그리스도의 교회
제 5 권 150 제자양육 5단계 그리스도인의 예배	제 6 권 210 제자훈련 1단계 그리스도인의 새생명
제 7 권 220 제자훈련 2단계 그리스도인의 확신	제 8 권 230 제자훈련 3단계 그리스도인의 생활
제 9 권 240 제자훈련 4단계 그리스도의 교리	제10권 250 제자훈련 5단계 그리스도인의 성숙
제11권 310 제자무장 1단계 그리스도의 제자	제12권 320 제자무장 2단계 그리스도인의 성품
제13권 330 제자무장 3단계 그리스도의 제자도	제14권 340 제자무장 4단계 그리스도인의 사역
제15권 350 제자무장 5단계 그리스도인의 지도력	

두 루 제 자 훈 련 원   제 자 화   과 정
제2권 제자양육 2단계 그리스도인의 성장

초판1쇄 발행일 | 2006년 3월 2일
초판7쇄 발행일 | 2023년 2월 1일

지은이|이문선   펴낸이|김학룡   펴낸곳|엔크리스토
마케팅|유영진, 조형준   관리부|강주영, 황동주, 정원모
교정|김의수, 임유진   표지그림|진형주

출판등록|2004년 12월 8일(제2004-116호)
주소| 경기도 고양시 일산동구 장대길 74-6
전화|(031) 906-9191   팩스|0505-365-9191
이메일|9191@korea.com
공급처|(주)기독교출판유통

ISBN 89-92027-04-4 04230
      89-92027-02-8(세트)